Dieses goldene Buch gehört:

_____

© 2019 Disney Enterprises, Inc.
Alle Rechte vorbehalten.
Die deutsche Ausgabe erscheint in der Carlsen Verlag GmbH,
Völckersstraße 14–20, 22765 Hamburg

Anna, Elsa und der geheime Fluss: Text von Andria Warmflash Rosenbaum,
Illustrationen von Denise Shimabukuro und Maria Elena Naggi. © 2019 Disney Enterprises, Inc.
Die Eiskönigin – Völlig unverfroren: Adaptation von Megan Ilnitzki. © 2015 Disney Enterprises, Inc.
Die Eiskönigin 2: Adaption von Suzanne Francis. © 2019 Disney Enterprises, Inc.

Konzept und Übersetzung: Constanze Steindamm
Gestaltung und Satz: awendrich grafix, Hamburg
Herstellung: Steffen Bollermann
www.carlsen.de

Für YBR. Einige Träume werden wahr.

—WAR

Für Darren, meinen fürsorglichen und großzügigen Bruder; und für Jennifer, die wie ein Funke alle in der Familie mit ihrem Lachen ansteckt.

—DS

Für meine drei:
Mama, Schwester und Begleiterin auf der Reise.
Marisa, Giuliana und Laura.
Laura, du hast nicht auf uns gewartet.

—MEN

Das Königreich Arendelle war ein fröhlicher Ort. König Agnarr und Königin Iduna hatten zwei kleine Töchter, Anna und Elsa.
Die beiden Mädchen waren der ganze Stolz ihrer Eltern. Aber die Familie hütete ein Geheimnis: Elsa besaß magische Kräfte und konnte Eis und Schnee aus der Luft entstehen lassen.

An einem Abend sang ihre Mutter ihnen ein Gute-Nacht-Lied vor. Es handelte von einem geheimnisvollen weißen Fluss, in dem es Antworten auf alle Fragen zur Vergangenheit geben sollte.

Anna gab vor zu schlafen. Elsa hatte ihre Augen gerade geschlossen und **nickte ein**, als …

... Anna sie wieder wachrüttelte.
„Komm, **lass uns gehen** und den weißen Fluss finden!"

„Lass es auf sich beruhen", sagte Elsa. „Es ist Zeit zu schlafen."
„Aber ich habe eine Million Fragen", entgegnete Anna,
„und der **weiße Fluss** könnte alle Antworten darauf haben."

„Und du, wunderst du dich gar nicht, woher du deine Zauberkräfte hast?"

Bei diesen Worten setzte Elsa sich auf.
„**Gehen wir!**"

Es dauerte nicht lange, da hatten sie sich aus dem Schloss geschlichen und liefen in den Wald.
„Wie können wir den weißen Fluss finden?", fragte Anna.

„Wir müssen unsere **Augen** einsetzen", antwortete Elsa.
„Schau!", rief Anna. „Ich glaube, ich kann ihn sehen!"
Die Schwestern rannten auf etwas **Glänzendes** in der Ferne zu …

Doch es war nur ein kleiner Bach.
„Was nun?", fragte Anna.
„Ein Bach kann in einen Fluss führen", meinte Elsa.

Aber der Bach führte nur zu einem **Teich**.

„Vielleicht finden wir den weißen Fluss, wenn wir genau **hinhören**", sagte Elsa. Anna hörte den Klang von rauschendem Wasser.

Sie **liefen** los, um den Fluss zu finden!

Aber alles, was sie fanden, waren **Felsen**, durch die der **Wind** rauschte.
„Wenn wir den weißen Fluss doch nur **riechen** könnten!", sagte Anna.
„Wonach würde er denn riechen?", fragte Elsa.
„Nach Antworten", entgegnete Anna, „und ..."

„... nach Rentieren?"
„Das ist lächerlich", sagte Elsa.

Die Schwestern hatten ihre **Augen**, ihre **Ohren** und ihre **Nasen** eingesetzt.
Sie hatten den weißen Fluss noch nicht gefunden, aber sie versuchten es weiter.

„Ich kann etwas sehen", meinte Anna. „Versuch mal, durch das **andere Ende des Eiszapfens** zu schauen", sagte Elsa.

Die Stunden vergingen,
und Anna und Elsa wurden langsam **müde**.

Doch sie forschten weiter. Elsa fand einen **alten Schild**, der im Mondlicht glänzte.
„Ich dachte, wir wären schon **nah dran**", sagte Anna.
Sie waren kurz davor, aufzugeben.

Plötzlich **hob** der Wind Anna hoch.
Seine Kraft überraschte die Mädchen.
Etwas erregte Annas Aufmerksamkeit!

Der Wind setzte Anna sanft wieder auf dem Boden ab. Die Schwestern rannten auf den **weißen Fluss** zu, ...

… aber es war nur ein **Eisberg**, der im Sonnenaufgang glitzerte.
„Es ist schon **fast Morgen**", sagte Elsa.
„Aber wir haben den weißen Fluss nicht gefunden", meinte Anna.
„Was sollen wir denn **nun** machen?"

„Schlafen", sagte Elsa.
Auf einmal lagen die Mädchen wieder gemütlich in ihren Betten.

Am Morgen rüttelte Anna Elsa wieder wach.
„Komm, **lass uns gehen** und den weißen Fluss finden!"
„Er kommt nur in dem **Gute-Nacht-Lied** vor", sagte Elsa.
Doch dann fragte sie sich, ob ihr Abenteuer tatsächlich
nur ein **Traum** gewesen war …

39

Disney
DIE EISKÖNIGIN
VÖLLIG UNVERFROREN

*E*ines Nachts überredete Anna Elsa, den Ballsaal in eine Winterwunder-Landschaft zu verwandeln. Während die beiden Schwestern fröhlich miteinander spielten, verlor Elsa plötzlich die Kontrolle über ihre besonderen Kräfte. Ein magischer Eisstrahl traf Anna am Kopf und sie fiel bewusstlos zu Boden.

Rasch brachten der König und die Königin die beiden Mädchen zu den Trollen, geheimnisvollen Heilern, die viel von Zauberkräften verstanden. Ein Troll namens Granpabbie rettete Anna das Leben, indem er die ganzen Erinnerungen an Elsas magische Kräfte auslöschte. Er machte ihr klar, wie glücklich sie sich schätzen konnte, dass der Eisstrahl sie am Kopf und nicht im Herzen getroffen hatte.

Der Troll erzählte dem König und der Königin auch, dass Elsas Kräfte weiterhin wachsen würden.

„Angst wird ihr ständiger Gegner sein", warnte er.

Der König und die Königin wussten, dass sie ihre Tochter von nun an schützen mussten. Um ihr Geheimnis zu bewahren, verriegelten sie die Tore des Schlosses.

Der König gab Elsa Handschuhe, damit sie ihre Kräfte besser unter Kontrolle halten konnte. Aber sie hatte ständig Angst, dass sie jemanden verletzen könnte. Sie vermied es sogar, Anna zu sehen, um sie zu schützen.

Jahre später, nachdem Anna und Elsa herangewachsen waren, kamen ihre Eltern bei einer Seereise ums Leben. Die Schwestern hatten sich nie zuvor einsamer gefühlt.

Elsa hielt sich meistens im Inneren des Schlosses auf, wo sie ihre Kräfte am besten verbergen konnte. Aber es war unmöglich, die Türen für immer verriegelt zu halten. Am Tag ihrer Krönung wurde daher das ganze Volk eingeladen, das Ereignis im Schloss zu feiern.

Anna war sehr aufgeregt. Endlich hatte sie die Gelegenheit, andere Menschen kennenzulernen! Sie hatte ihr Zuhause kaum verlassen, da traf sie auf den Prinzen Hans von den südlichen Inseln. Die beiden verliebten sich sofort ineinander.

Auf dem Krönungsball hielt Prinz Hans um Annas Hand an. Anna stimmte zu, und das Paar ging zu Elsa, um ihren Segen zu erbitten.

Doch Elsa verweigerte ihre Zustimmung. Sie konnte Anna niemanden heiraten lassen, den sie gerade erst kennengelernt hatte!
Anna konnte nicht glauben, dass ihre Schwester das tat.
„Warum schließt du mich immer aus? Wovor hast du so eine Angst?", schrie sie.
Als Elsa sich mit ihrer Schwester stritt, verlor sie einen Handschuh und damit die Kontrolle über ihre magischen Kräfte. Eisstrahlen schienen aus ihrer Hand hervorzuschießen. Nun kannten alle Bewohner von Arendelle ihr Geheimnis.
Erschrocken flüchtete Elsa in Richtung Berge.

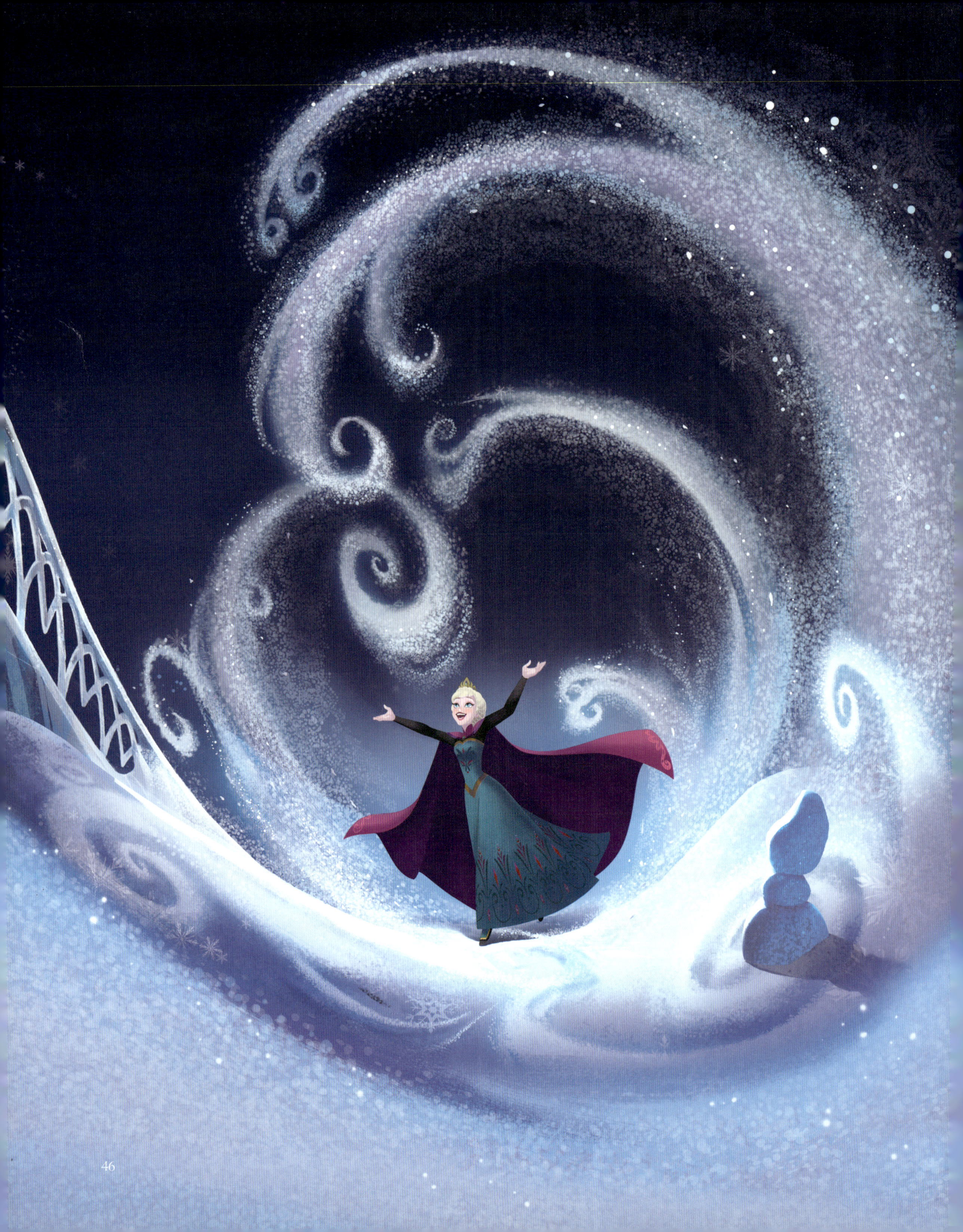

Nachdem ihr Geheimnis gelüftet war, ließ Elsa ihren Kräften freien Lauf. Ein Sturm umgab sie, als sie sich austobte und einen glitzernden Eispalast erschuf. Auch ihr Aussehen veränderte sie.

Arendelle hatte Elsa hinter sich gelassen – es war ganz und gar von Eis und Schnee bedeckt. Anna fühlte sich schrecklich!

Sie überließ Hans die Obhut des Schlosses und folgte ihrer Schwester.

Auf dem Weg durch den Wald lief Annas Pferd davon. Zum Glück traf sie einen jungen Eisfarmer namens Kristoff und sein Rentier Sven. Die beiden sagten zu, ihr bei der Suche nach Elsa zu helfen.

Hoch oben in den Bergen durchquerten Anna und Kristoff eine funkelnde Winterlandschaft, in der sie einen lebendigen Schneemann trafen!
„Ich bin Olaf", sagte er.
Anna wurde klar, dass Elsa ihn geschaffen haben musste. Sie bat Olaf, dass er sie zu Elsa führen möge, denn nur Elsa konnte den Sommer zurück nach Arendelle bringen.
Olaf gefiel die Idee mit dem Sommer und glücklich führte er sie zu Elsas Palast.

Anna erzählte Elsa von dem furchtbaren Wintersturm in Arendelle.
„Es ist in Ordnung. Du musst nur einfach wieder alles auftauen", sagte sie.
Aber Elsa wusste nicht, wie sie den Schnee aufhalten sollte.
Frustriert schrie sie: „Ich kann es nicht!"
Ein magischer Eisstrahl schoss durch den Raum und traf Anna mitten ins Herz!
Kristoff eilte herbei, um Anna zu helfen.
„Ich denke, wir sollten jetzt gehen", sagte er.

Am Fuß der Berge bemerkte Kristoff, dass Annas Haar sich weiß verfärbte. Er wusste, dass seine Freunde, die Trolle, helfen konnten.
Granpabbie sah sofort, dass Anna getroffen worden war.
„In deinem Herzen steckt ein Eissplitter von deiner Schwester", sagte er. „Wenn er nicht entfernt wird, wirst du für immer einfrieren."
Er erklärte ihnen, dass nur ein Akt wahrer Liebe ein gefrorenes Herz auftauen könne.
Anna wusste, dass Hans ihre wahre Liebe war. Vielleicht konnte ein Kuss von ihm sie retten. Anna, Kristoff, Sven und Olaf beeilten sich, zurück nach Arendelle zu kommen, um ihn zu finden.

Aber Hans war nicht in Arendelle. Er hatte sich auf die Suche nach Anna gemacht, nachdem ihr Pferd ohne sie zurückgekommen war. Hans und seine Leute kamen zu Elsas Eispalast. Die Männer griffen Elsa an und sie musste sich wehren. Plötzlich zielte einer der Männer mit einer Armbrust auf Elsa! Hans drückte sie zur Seite und der Bolzen traf einen Kerzenleuchter. Er krachte zu Boden und traf Elsa, die bewusstlos zu Boden fiel.

Hans und seine Leute brachten sie zurück nach Arendelle und sperrten sie in ein Verlies.

Weiter draußen im Königreich eilten Anna, Kristoff, Olaf und Sven gerade die Berge hinunter. Anna wurde von Minute zu Minute schwächer. Kristoff machte sich große Sorgen um sie.

Als sie die Tore des Schlosses durchquert hatten, übergab er Anna den königlichen Bediensteten. Er merkte, dass seine Gefühle für Anna immer tiefer wurden, aber er wusste, dass nur ihre wahre Liebe, Hans, sie wieder heilen konnte.

Anna fand Hans in der Bibliothek. Sie bat ihn, ihr Leben mit einem Kuss
zu retten – aber er lehnte ab! Hans hatte nur vorgegeben, Anna zu lieben,
damit er selbst über Arendelle herrschen konnte.
Er löschte das Feuer im Kamin und ließ Anna erfrierend zurück.

Im Verlies konnte Elsa an nichts anderes denken, als daran, wie sie Arendelle wieder verlassen könnte. Es war der einzige Weg, um alle vor ihrer Zauberkraft zu schützen.

Elsa regte sich so sehr darüber auf, dass sie mit ihrer Magie das ganze Verlies einfror. Krachend brachen die Wände auseinander und sie konnte fliehen.

Anna saß in der Zwischenzeit allein in der Bibliothek und dachte über ihre Fehler nach. In dem Bestreben, Liebe zu finden, hatte sie nun wohl sich und ihre Schwester ins Verderben gestürzt.

Gerade als Anna alle Hoffnung aufgegeben hatte, tauchte Olaf auf. Der kleine Schneemann entzündete ein Feuer, obwohl Anna sich Sorgen machte, dass er schmelzen könnte.

„Manche Menschen sind es wert, dass man für sie schmilzt", sagte er. Olaf blickte aus dem Fenster und sah, dass Kristoff zurückkehrte. Dem Schneemann wurde klar, dass Kristoff die wahre Liebe war, die Anna retten konnte!

Olaf half Anna, nach draußen zu kommen, wo sie Kristoff auf dem zugefrorenen Fjord entdeckten. Wenn sie ihn rechtzeitig erreichen würden, wäre Anna gerettet!

Aber dann sah Anna etwas anderes: Hans war kurz davor, Elsa mit seinem Schwert zu treffen!

Mit letzter Kraft warf sie sich vor Elsa. Hans' Schwert fuhr in dem Augenblick herunter, als Annas Körper zu einem festen Eisblock gefror. Es zersplitterte in viele Einzelteile.

Elsa schlang die Arme um ihre gefrorene Schwester.

„Oh Anna", schluchzte sie.

Dann geschah etwas Überraschendes: Anna begann zu tauen!

„Ein Akt wahrer Liebe kann ein gefrorenes Herz auftauen", sagte Olaf.

Annas Liebe zu Elsa hatte sie beide gerettet.

„Liebe!", rief Anna aus. „Das ist es!"

Elsa wusste auf einmal, dass Liebe der Schlüssel zu ihren magischen Kräften war. Nun konnte sie den Winter beenden und den Sommer wieder zurückbringen.

Hans war sehr erstaunt, als er sah, dass Anna lebte.
„Anna?", fragte er. „Aber Elsa hat doch dein Herz eingefroren."
„Das einzige gefrorene Herz hier in der Nähe ist deins", sagte Anna und versetzte ihm einen Stoß, der ihn zurücktaumeln ließ.
Nachdem der Sommer wieder da war, kehrte auch in Arendelle wieder das normale Leben ein.

Aber von nun an waren die Tore des Schlosses für immer geöffnet.
Das erste Mal seit Langem war Arendelle wieder ein fröhlicher Ort.
Und Königin Elsa und Prinzessin Anna waren die glücklichsten
Menschen von allen, weil sie wieder zueinandergefunden hatten!

Disney
DIE EISKÖNIGIN II

Als Anna und Elsa noch klein gewesen waren, hatte ihr Vater, König Agnarr, ihnen eines Abends eine Gute-Nacht-Geschichte über die Northuldra erzählt. Das waren Menschen aus einem verzauberten Wald, die in Frieden mit den Bewohnern von Arendelle lebten. Doch dann veränderte sich alles und es kam zum Krieg. Verärgerte Geister der Natur hielten beide Gruppen im Wald fest, doch König Agnarr, der damals selbst noch ein Kind gewesen war, gelang es zu entkommen. Es war derselbe Abend, an dem ihre Mutter, Königin Iduna, den beiden Mädchen das Gute-Nacht-Lied über den geheimnisvollen Fluss Ahtohallan vorgesungen hatte, von dem man sagte, dass er Antworten auf alle Fragen über die Vergangenheit enthielt.

Viele Jahre waren seitdem vergangen, ihre Eltern waren nicht mehr da und die beiden Mädchen hatten ihre Familie in ihren besten Freunden Kristoff, Olaf und Sven gefunden.

Sie verbrachten unzählige Abende miteinander, aßen zusammen und hatten Spaß an gemeinsamen Spielen.

An einem Abend, als sie gerade dabei waren, Begriffe durch Pantomime zu erraten, versuchte Anna herauszufinden, was Elsa beschäftigte. Sie sah ihr an, dass ihr etwas auf dem Herzen lag.

„Geht es dir gut?", fragte Anna.

„Ich bin nur müde", entgegnete Elsa und zwang sich zu lächeln. „Gute Nacht", fügte sie hinzu, als sie abrupt den Raum verließ und nach oben ging.

63

Kurz darauf erschien Anna an Elsas Tür.
„Du trägst Mutters Schal", stellte sie fest. „Das machst du nur, wenn etwas nicht in Ordnung ist."
Auch wenn Elsa es nicht zugeben wollte – etwas war nicht in Ordnung. Jemand – oder etwas – rief nach ihr.

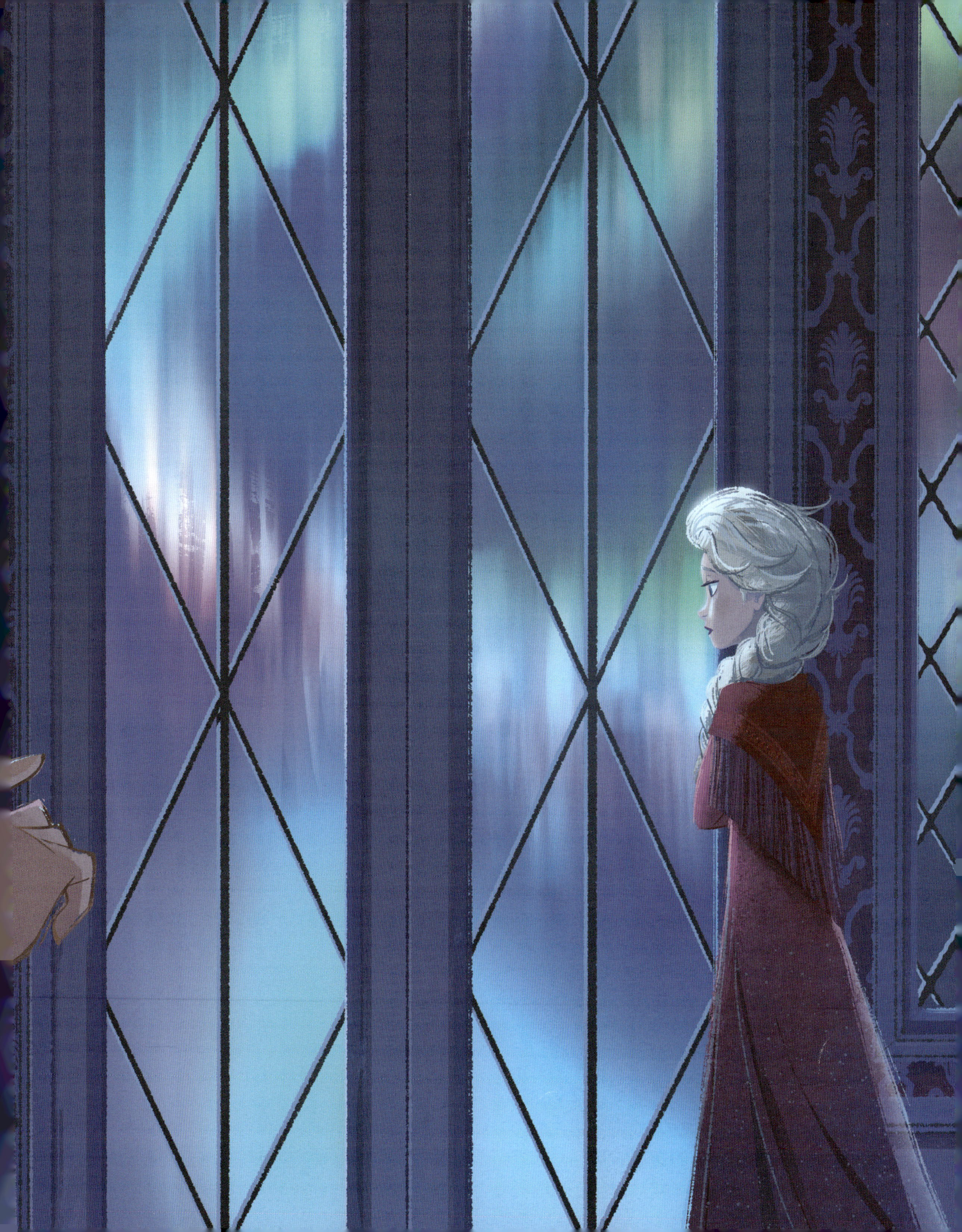

Später in der Nacht antwortete Elsa der geheimnisvollen Stimme am Fjord. Als sie begann, ihre Magie einzusetzen, bemerkte sie, wie sich ihre Zauberkräfte veränderten.

Sie wurden stärker und stärker, bis sie am Ende eine riesige Stoßwelle auslösten, die das ganze Königreich Arendelle überschwemmte.

Das Feuer der Fackeln erlosch, die Brunnen und Wasserfälle trockneten aus und sogar der Wind legte sich. Die Bewohner stolperten über das unebene Pflaster und suchten nach festem Grund.

Als alle heil auf den Klippen über Arendelle angekommen waren, rumpelte der Boden schon wieder. Felsen kamen angerollt und richteten sich auf – es waren die Trolle. Granpabbie näherte sich schnell den Mädchen. Er erklärte, dass Elsa die Geister des verzauberten Waldes geweckt hatte.

Granpabbie riet Elsa, der Stimme in Richtung Norden zu folgen.
Dann nahm er Anna zur Seite und sagte ihr, dass es gut wäre,
wenn sie Elsa begleiten und ihre Schwester beschützen würde.
„Ich werde nicht von ihrer Seite weichen", sagte Anna.

Die Schwestern liefen zusammen mit Kristoff, Olaf und Sven nach Norden, um den verzauberten Wald zu finden. Doch der Eingang zum Wald wurde von einer Mauer aus dichtem Nebel verdeckt. Er würde sie nicht durchlassen.

Plötzlich spürte Elsa, wie etwas sie in den Nebel zog. Sie nahm Annas Hand und schritt voraus. Der Nebel begann zu funkeln, zog sich zurück und eröffnete einen Weg für die ganze Gruppe.

Hinter der Nebelwand tauchten vier große Steinblöcke auf.
Nachdem sie zwischen ihnen hindurchgegangen waren,

schloss sich der Nebel wieder hinter ihnen. Er ließ ihnen keinen Ausweg und trieb sie tiefer in den Wald.

Die sanften Strahlen der Sonne erhellten den Wald. Es kam ihnen vor, als ob sie durch einen Traum liefen. Die turmhohen Bäume trugen schimmernde, goldene Blätter und ragten bis in den Himmel empor, wo sie in einer Wolke glitzernden Nebels verschwanden. Die Gruppe ging langsamer, überwältigt von dieser Schönheit.

„Wir bleiben alle zusammen", warnte Anna ihre Freunde.

Als sie mitten im Wald waren, erschien der Geist des Windes.
Er hob sie in die Luft und wirbelte sie herum.
Elsa verwendete ihre Zauberkräfte, um Anna vor einem fliegenden Ast zu schützen.
Das hatte der Geist des Windes wahrgenommen. Er beförderte alle hinaus und hielt nur Elsa in seinem Wirbel fest.

Endlich gelang es Elsa, sich mit einem magischen Eisstrahl zu befreien, und wundervolle Eisskulpturen erschienen. Jede von ihnen zeigte einen anderen Moment aus der Geschichte. Elsa hatte nie zuvor so etwas erschaffen!
Olaf erinnerte seine Freunde an seine Theorie, dass Eis die Vergangenheit enthüllen könnte.
„Wasser hat ein Gedächtnis", sagte er.

Kurz darauf erschienen die gefangenen Northuldra und Arendellianer aus Annas und Elsas alter Gute-Nacht-Geschichte. Anna erkannte einen der Soldaten wieder. Es war Leutnant Mattias, der Leibwächter ihres Vaters.

Die Northuldra erkannten, dass Anna einen Schal ihres Volkes trug. Wer auch immer den König aus dem Wald gerettet hatte, musste ein Northuldra gewesen sein! Die Arendellianer und die Northuldra glaubten, dass Elsas Magie der Schlüssel zu ihrer Freiheit war.

Die beiden Seiten stritten sich immer noch, wer von ihnen verantwortlich dafür war, dass sie im Wald gefangen waren, als ein heller Lichtblitz aus Feuer erschien. Der Geist des Feuers raste durch die Bäume und ließ sie in Flammen aufgehen. Elsa setzte ihre magischen Kräfte ein, um ihn niederzuzwingen, und sie entdeckte, dass der Geist ein kleiner Feuersalamander war.

Wieder rief die Stimme, und Elsa und der Salamander drehten sich beide in ihre Richtung.

„Du kannst sie auch hören?", fragte Elsa den Salamander.

Der Salamander huschte auf einen Felsen und Elsa wurde klar, dass sie noch weiter in den Norden gehen musste.

Später am Abend saßen alle gemeinsam am Lagerfeuer. Während Anna sich mit Leutnant Mattias unterhielt, erklärte eine der Northuldra-Frauen Elsa die Symbole auf dem Schal. Sie standen für die vier Geister. Elsa war überrascht, als ihr die Frau noch einen fünften Geist zeigte, der „die Brücke"

genannt wurde. Man erzählte sich, dass sie die Natur und die Magie miteinander verbinden sollte. Einige behaupteten, sie hätten sie schreien gehört an dem Tag, als der Wald gefallen war.

Elsa war nun überzeugt davon, dass sie der Stimme folgen musste, die sie immer wieder hörte. Nur so konnte sie alle befreien.

Anna und Olaf begleiteten Elsa, und die drei liefen weiter in Richtung Norden. Als sie die Spitze eines Hügels erreicht hatten, stockte ihnen der Atem bei dem, was sie unten sahen. Es war das Schiff ihrer Eltern! Das hieß, dass ihre Eltern ebenfalls auf der Suche nach Ahtohallan gewesen waren, als sie verschwanden. Sie hatten ebenfalls Antworten über Elsas Zauberkräfte gewinnen wollen.

Elsa gelobte, den geheimnisvollen Fluss zu finden, auch wenn es hieß, dass sie das gefährliche Dunkelmeer überqueren musste.

Obwohl Anna nicht einverstanden war, wollte Elsa allein weitergehen.
Sie schwenkte ihre Hände, erschuf ein Boot und setzte Anna und
Olaf auf einen Eispfad.
„Elsa, was tust du da? Nein, nein!", schrie Anna.

Sie konnten nicht anhalten und glitten immer schneller bergab, bis zu einem Fluss. Anna bemerkte, dass die Felsen an den Ufern schlafende Erdriesen waren. Mit einem Ast lenkte sie das Boot geschickt an ihnen vorbei und sogar einen Wasserfall hinunter.

Als Elsa das Dunkelmeer erreicht hatte, blieb sie am Ufer stehen. Gewaltige Wellen türmten sich vor ihr auf und brachen direkt vor ihr.

Sie lief ins Wasser und hinterließ mit ihren Füßen gefrorene Schneeflocken auf dem Eis. Aber die Stärke der Wellen zwang sie rasch nieder.

Elsa kämpfte sich zurück an die Oberfläche und kletterte auf einen hohen Felsen. Sie holte tief Luft und sprang ins Wasser.

Der Wasser-Nokk erschien, ein riesiges Pferd, das begann, Elsa herumzuwerfen. Mit ihrer Zauberkraft formte Elsa einen Eissattel und schwang sich auf seinen Rücken. Zunächst versuchte der Nokk noch, sie abzuschütteln, aber schon bald ritten die beiden im Einklang durch die gigantischen Wellen zum anderen Ufer.

Als sie heil auf dem Sand stand, sah Elsa der majestätischen Kreatur in die Augen und verbeugte sich. Der Wasser-Nokk senkte respektvoll seinen Kopf. Elsa lächelte, als er seine Mähne schüttelte und wieder im Meer verschwand.

In der Zwischenzeit hatte der Wasserfall Anna und Olaf in eine Höhle geführt. Ein starker Windstoß brachte einen Wirbel von Elsas magischer Kraft zu ihnen herein. Das war das Zeichen, dass Elsa es heil über das Dunkelmeer geschafft hatte! Der Zauber formte eine Eisskulptur.

Das funkelnde Gebilde enthüllte eine Erinnerung aus der Vergangenheit. Nun wusste Anna, dass die Geister Arendelle geräumt hatten und wie sie den verzauberten Wald befreien konnte. Ausgestattet mit neuer Stärke und Weisheit war sie bereit, die Dinge in Ordnung zu bringen.

Elsa stapfte durch starken Wind und dicken Schnee. Als sie den Ahtohallan endlich erreichte, verstummte die geheimnisvolle Stimme. Plötzlich, so wie die Worte aus dem Gute-Nacht-Lied ihrer Mutter es versprochen hatten, wurde ihr alles klar. Elsa wusste, dass sie dem

richtigen Weg gefolgt war und wohin sie wirklich gehörte.
Die Reise hatte sie und ihre Schwester verändert. Und durch
ihre Verbindung konnten sie nun den Frieden zurückbringen
und das geteilte Land endlich wieder vereinen.